Nada Mais de Errado

Manual para Zeladores Espirituais

Felipe Oliveira

– ÍNDICE –

– PREÂMBULO –

"Pelos meus vinte anos, levado por um desejo de libertação do tumulto interior e do sofrimento, busquei refúgio em uma escola do 4º Caminho na tradição Gurdjieff-Ouspensky. Esta experiência me deu valiosas observações sobre os compartimentos e funcionamento da nossa psíque.

Um momento crucial ocorreu quando um amigo me deu um livro de John Wheeler, que catalisou uma Revelação ou Despertar durante uma intensa dificuldade emocional. Em um momento de investigação espontânea pela "verdade do eu", um vasto oceano de Pura Consciência foi descoberto onde nenhum eu separado existia. A paz coexistia com a dor.

Embarquei então em uma jornada de dois anos, encontrando professores e absorvendo seus ensinamentos. No entanto, à medida que o paradigma da não-dualidade começava a parecer árido e sem vida, uma nova questão surgiu: "Por que exatamente o ego cria tanto sofrimento desnecessário? E como?"

Esta investigação me levou aos Michael Teachings e às ferramentas da Astrologia Horária Tradicional e do Tarô de Marselha. Armado com esses sistemas de sabedoria, mergulhei à fundo nas complexidades do ego. Como Nisargadatta Maharaj uma vez disse: "A mente deve ser conhecida". No meu caso, esta investigação minuciosa provou ser a chave.

Eventualmente, o senso de separação se dissolveu, e o sofrimento psicológico e a busca cessaram, imbuindo a vida de uma simplicidade silenciosa, mas profunda, além das complexidades egóicas, metafísicas e espirituais da mente. Neste espaço, nada é inerentemente errado—tudo não passa de um sonho, e Eu Sou.

Nos ensaios e diálogos que se seguem, compartilho o que aprendi e desaprendi nos caminhos sinuoso e direto. Minha proposta é iluminar os mecanismos mentais-emocionais de limitações auto-impostas e apontar para a paz que jaz além delas". —Felipe

"Nem isto, nem aquilo.
Descanse
Tudo é um sonho
Paz, finalmente".

—Narayan

– Espírito –

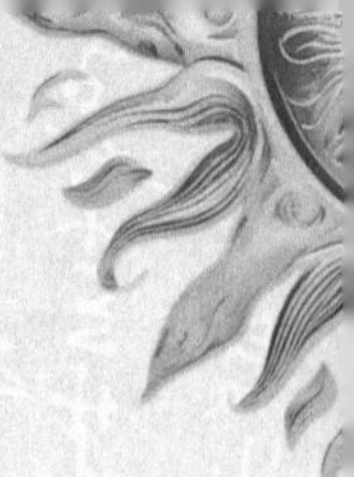

–O que é a Iluminação?

Na minha definição, é uma revelação ou reconhecimento. Revela-se que a Verdadeira Natureza da Realidade é a Pura Consciência e que eu não sou separado dela.

Esse reconhecimento pode ter muitas consequências na vida da pessoa a quem aconteceu. Mais notavelmente, anuncia o início da última etapa do caminho espiritual para alguns, e é o verdadeiro fim do caminho para outros.

A palavra Iluminação é simbólica. Antes da Iluminação, estava escuro, então a Realidade não podia ser vista, revelada ou reconhecida. Com a Iluminação, a luz está presente, e a Realidade se torna visível.

A palavra Despertar é igualmente simbólica do mesmo evento. No sono, a Realidade não pode ser discernida. Na vigília, pode.

A revelação ou reconhecimento é impessoal. Ninguém desperta, está desperto ou é iluminado.

—Acho isso difícil de entender.

Não é difícil de entender; é impossível. O intelecto não pode compreender sua Fonte. O intelecto é o pincel; a Fonte é o pintor. Uma vez que o mosquito da busca pica, a única resolução é a própria Iluminação. Depois da Iluminação, se a dúvida e a busca persistirem, prestar atenção e eliminar o inútil pode ajudar a trazer a Realização.

O intelecto pode funcionar tanto a favor quanto contra a Iluminação e a Realização. Algumas idéias espirituais que ajudam a fortalecer a personalidade no início do caminho funcionam contra a Iluminação e a Realização mais tarde.

O que estou compartilhando com você é para ajudar o intelecto a operar favoravelmente em direção à Iluminação e à Realização, alinhando-o com o modo como as coisas são, eliminando idéias turvas, malformadas, inaplicáveis ou falsas, e eliminando falsas crenças. A partir daí, a atenção pode fluir de maneiras inesperadas e surpreendentes.

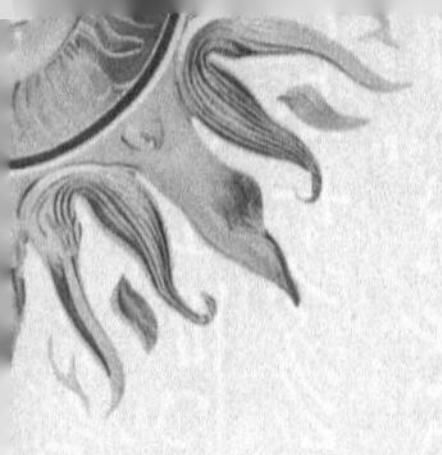

–O QUE HÁ?

Um Oceano sem começo nem fim. Imóvel, incorruptível, imutável, não-causado, não-manifestado. Potencial.

Quando manifestado, o mundo está aqui, como mente. Ondas aparecem como movimentos e formas no Oceano. Uma aparência unificada como uma experiência única e contínua atemporal.

O mundo é uma aparição, e o corpo e a personalidade são parte do mundo, não algo separado dele.

O mundo é igual à mente. Isso não é uma analogia. A mente não é uma caixa ou contêiner. A mente é a projeção presente do mundo perceptível.

A mente tem sua fonte na Pura Consciência, e é projetada como um filme na Pura Consciência.

Depois do Despertar, o termo "buscador" não é mais aplicável.

Se devemos entreter um conceito de si, "buscador" não é útil, por razões que deveriam ser óbvias após o Despertar. O buscador busca algo. O Despertar deixou claro que o que era buscado não é nada que possa ser obtido; não há ninguém buscando e ninguém que possa obtê-lo.

Em vez de buscar a autorrealização, pegue uma escova, sabão e um balde. Vista seu uniforme de zelador e faça o que os zeladores fazem.

Esta personalidade e corpo não são destinados a fazer mais nada depois da Revelação. O "caminho da negação" não é uma noção abstrata que as pessoas espirituais podem escolher da prateleira da biblioteca esotérica. O caminho da negação é o que é necessário depois que o Despertar acontece. É um padrão conhecido no desenvolvimento espiritual. O processo central é eliminação, remoção e limpeza.

Se o Despertar aconteceu e sente-se uma necessidade de fazer algo, então a ferramenta certa é uma vassoura e apenas suficiente orientação, investigação ou meditação para estar claro sobre quais tapetes levantar e varrer por baixo.

–O Despertar é um processo gradual?

O Despertar não é um processo; é um evento. É uma revelação, e o que é revelado está além do tempo.

No entanto, a personalidade, como um todo, e o ego passam por um processo tanto antes quanto depois desse evento. Na verdade, dois processos diferentes ocorrem. O primeiro processo é acumulação, crescimento, controle e esforço. É um trabalho preparatório realizado principalmente antes do Despertar.

Após o Despertar, o processo de eliminação começa. À medida que a mente se torna mais livre de crenças erradas, idéias erradas, medos infundados, e as várias emoções negativas que o medo gera, a paz da Aceitação Total permeia nossas vidas cada vez mais.

–A Iluminação pode ser transmitida diretamente para outras pessoas?

A Consciência não é suscetível a movimento, localização, propriedade ou administração. Não é alguma coisa, nem mesmo uma coisa sutil ou metafísica. Então, ela não se move de uma pessoa para outra.

No entanto, palavras, um olhar ou apenas a presença de uma pessoa pode provocar Reconhecimento ou Insight em outra pessoa. Isso certamente pode acontecer. O Reconhecimento também pode ocorrer ao ler um livro, assistir a um vídeo ou totalmente do nada.

O que é reconhecido é compartilhado entre todos os indivíduos e, portanto, exclui o conceito de transmissão.

O que é reconhecido é o que somos, e tudo é, não algo que possuímos. Não é algo que Deus, deuses, santos, mestres ascensos, gurus e "pessoas iluminadas" têm e estão dispostos a dispensar e transmitir.

A personificação, propriedade, compreensão ou controle da Consciência é o intelecto tentando colocá-la em um pote. Isso não leva à libertação do sofrimento.

Então, em algum momento, vamos a professores. Se o professor faz seu trabalho, e o buscador está maduro, a imaginação de que pessoas iluminadas têm algo que você não tem é destruída. Isso abre a porta para a libertação do sofrimento.

–Diz-se que existem muitos Despertares ou Insights.

De todos os Despertares ou Insights, apenas um é significativo. É aquele onde fica irrevogavelmente claro que a Consciência é tudo que existe e que não há tal coisa como "eu" separado da Consciência. Esse é o único Despertar que merece o nome de Despertar.

Essa é uma revelação da Verdade, e a Verdade permitirá a erradicação da mentira da separação que surge no ego e o sofrimento desnecessário que essa mentira produz. Isso é o que se quer dizer com o ditado: "A Verdade vos libertará".

Para algumas pessoas abençoadas, há evidências de que o Despertar é simultâneo à morte do sentido de separação no ego.

Para o resto de nós mortais, são dois eventos diferentes. Um abre uma porta, e o outro destrói a porta.

A Verdade revelada no Despertar se torna o ponto de referência para o desenvolvimento psicológico contínuo e renovado em termos de liberação do sofrimento. À medida que esse ponto de referência do Despertar se torna mais presente em nossas vidas diárias, e mais bobagens são eliminadas de nosso intelecto e emoções, mais essa Verdade infunde paz em nossas vidas.

–O "EU" SE UNIFICA COM A TOTALIDADE NO FINAL?

Não. Não há "eu" que seja separado.

Essa separação é uma suposição não examinada que cerca de sete bilhões de pessoas aceitam sem pensar duas vezes.

Então, qualquer idéia espiritual inventada em torno dessa suposição é ou imaginação inútil ou direcionada a um tipo específico de buscador no início do caminho.

Para um buscador maduro, é declarado que o que chamamos de "eu" é um conceito associado a uma personalidade, ego e corpo e tem uma função prática na vida. Mas nunca foi separado da Consciência.

O Despertar é o evento quando essa suposição é descoberta. A Auto-Indagação ou Lembrança de Si é o ato de desafiar essa suposição. A Realização Espiritual é quando ela é destruída, e nada toma seu lugar; assim, "não há nada mais de errado".

–NÓS DESPERTAMOS PARA O SONHO OU DO SONHO?

Assume-se que existe uma entidade separada que pode despertar seja para ou do sonho.

Não existe tal entidade. É uma suposição não examinada. Esse é o próprio fato que é revelado no Despertar.

Há um Despertar. O Despertar revela sem dúvidas que ninguém desperta ou está desperto. E o próprio sonho é irrelevante.

Somos Consciência. A Consciência não é consciente "de" algo. "Nós" não estamos dentro da Consciência. A Consciência É tudo.

Não há sujeito separado experimentando o sonho, e não há sujeito real no sonho, exceto como uma construção mental e a experiência dos sentidos.

Relações sujeito-objeto SÃO o sonho. Então, um "eu" que supostamente desperta para ou do sonho é parte do sonho.

Além disso, não há problema com o sonho ser um sonho.

Geralmente, queremos despertar porque nosso sonho é desagradável. Justo. Essa é a base do sofrimento e da busca. No entanto, frequentemente, queremos escapar da dor idealizando a bem-aventurança, preferencialmente eterna, em algum lugar fora do sonho. Estamos infelizes e sofrendo e então projetamos uma solução "espiritual". Esse idealismo permanece não realizado, pois não há fim para a busca ou sofrimento nesse caminho.

A personalidade é o sonho. A mente, as emoções, o mundo são o sonho. É o manifestado. Prazer e dor. Está bem como está.

O sonho não é um problema. É precisamente por isso que a Realização Espiritual pode ser expressa como "não há nada mais de errado".

–O Sr. X diz que despertou e agora está desperto. Mas você disse que ninguém desperta.

Talvez seja uma questão de linguagem e semântica, talvez não. Eu não tenho como dizer. Então, você tem que descobrir de onde vem a expressão dele por si mesmo. Peça a ele para explicar o que ele quer dizer; é para isso que serve um professor.

O que posso oferecer é falar da minha experiência.

Na minha forma de falar sobre o Despertar, não posso dizer "eu acordei". Simplesmente não é verdade.

Eu nunca estive dormindo, e nunca acordei. E sei que isso é o mesmo para Você, e para o Sr. X, aliás. Você não é o corpo; você não é a personalidade. O corpo e a personalidade dormem e acordam. Você não. Reflita sobre isso.

Na minha experiência, houve um evento que poderia ser chamado de Despertar. Esse evento revelou, entre outras facetas, que ninguém desperta. Um mal-entendido sobre o que chamamos de "eu" ou "si" é exposto, e o que resta são as Coisas como Elas São.

A pessoa imagina que vai despertar. O Despertar ocorre e destrói essa imaginação.

Espiritualmente falando, "eu" ou "estar desperto" são conceitos sem sentido na minha experiência atual. Eles são irrelevantes para as Coisas como Elas São.

A principal razão pela qual eu falo sobre essas coisas é porque tal Despertar anuncia o fim do sofrimento e o fim da busca. Então, eu acho que é um assunto que vale a pena falar, considerando que eu sofri por quarenta e tantos anos e algumas pessoas me ajudaram a esclarecer onde minha visão estava turva e abrir a porta para o Despertar.

Uma pessoa não desperta ou se torna iluminada. O Despertar ou Iluminação acontece "a uma pessoa". E o que é revelado está além da pessoa—nossa Verdadeira Natureza.

–Parece que a Realização Espiritual nos permite viver confortavelmente em nossa própria pele...

Há uma Aceitação Total de quem somos como pessoa, incluindo nossos defeitos de caráter e maus hábitos.

Mas para evitar um possível mal-entendido, eu não usaria a palavra "confortavelmente". Eu diria que nos permite viver com uma certa tranquilidade.

Se temos segurança financeira, saúde, um lar, um grupo de apoio e estamos rodeados de beleza e outras coisas agradáveis que a vida tem o potencial de proporcionar, sim, viver confortavelmente é apropriado. Se essas coisas estão faltando, pode ser muito desconfortável.

A Realização Espiritual não resolve problemas de dinheiro, saúde ou relacionamento, e eles simplesmente não desaparecem como que por magia. Buscar uma solução espiritual para problemas não espirituais indica um mal-entendido fundamental sobre que tipo de sofrimento que cessa com a Realização Espiritual.

Perfeição é uma fantasia de um ego não educado. Este é um ponto sutil no "ego espiritual" que, se resolvido, pode acabar com a busca e revelar que não há Nada de Errado.

Esse mal-entendido é frequentemente o obstáculo final. O ego deve ser conhecido em todas as suas manifestações sutis. Nenhuma pedra pode ficar sem ser levantada.

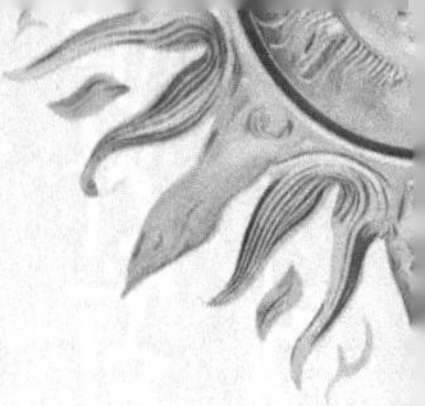

–A Realização Espiritual é a morte do ego?

Depende da definição de ego de cada um. Na minha definição, o ego é o senso de si mesmo que nos permite funcionar na vida. Se ele morresse antes deste corpo morrer, nos tornaríamos inválidos.

A noção de um ego morto parece uma estratégia egóica estimulada pelo desejo de afastar ou eliminar algo que não gostamos ou quemnos causa problemas.

Muitos de nós têm uma resposta excessivamente emocional ou moral ao ego e então criam um inimigo para desprezar, denegrir, reclamar, lutar contra e, por fim, matar, tanto em nós mesmos quanto nos outros.

No entanto, com a dissolução do senso de separação, o ego e suas respostas aos estímulos se tornam uma não-questão. Torna-se irrelevante. Não há quem se importe. Essa é a morte que ocorre. O "problema do ego" que uma vez tivemos morre e não ressuscita. Que alívio! Paz finalmente!

–Tudo é uma ilusão...

Um minuto atrás, você me disse que ainda está sofrendo. Você pode repetir que tudo é uma ilusão e continuar sofrendo.

Isso não ajuda. A mente está desfocada e à deriva. Essa idéia é uma ferramenta cega e pode ser descartada com segurança.

A raiz do sofrimento psicológico é uma ilusão, isso é certo. Mas simplesmente dizer isso também não serve de nada. A busca e o sofrimento continuarão até que isso seja vivenciado em experiência direta, e sua verdade permeie a mente profundamente o suficiente.

Investigue e encontre a raiz.

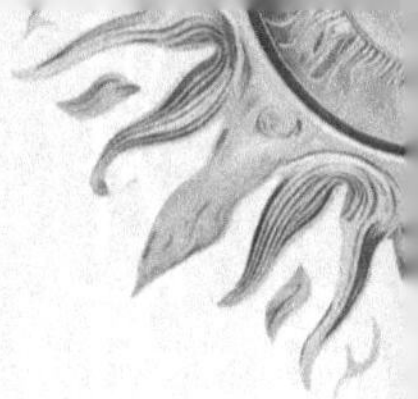

−Por que Ramana Maharshi diz que não há "outro"?

Meu palpite educado é que um buscador precisava ouvir isso naquele momento para se livrar da crença errada de que a pessoa é uma entidade separada e, ao fazer isso, libertar o buscador do sofrimento psicológico e estabelecer a Quietude Impessoal.

Não há entidade "eu" separada, nem para o sábio nem para qualquer outra pessoa. Portanto, o outro é um conceito como "eu" É útil e necessário para fins práticos e funcionais, mas irrelevante e obstrutivo em termos de Autoconhecimento.

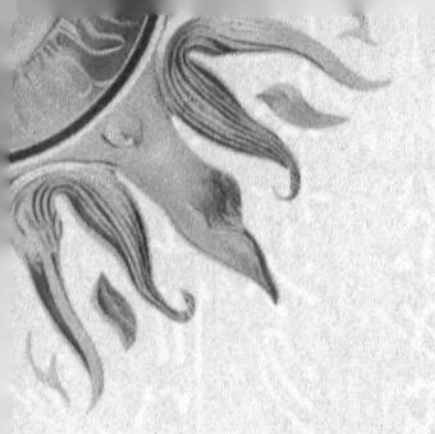

–VOCÊ ESTÁ DIZENDO QUE A PESSOA NÃO EXISTE?

Ela não existe como uma entidade separada. No entanto, como uma rede de pensamentos e emoções presentes associados a um corpo, sim, é claro que existe. Não estaríamos tendo esta conversa se esse não fosse o caso.

Chamamos a pessoa de "eu" para fins puramente práticos, para que possamos experimentar certos aspectos da dualidade. Isso não implica ou significa que o "eu" seja uma entidade separada do Todo.

Essa é uma suposição, um erro fundamental de julgamento que os humanos experimentam e que, em algum momento, impulsiona o trabalho espiritual a se iniciar. É a mãe de todos os mal-entendidos.

A pessoa é um dos muitos objetos que aparecem e surgem da Consciência que Nós Somos.

–COMO VOCÊ SABE QUE O ESTADO DA NATUREZA ESSENCIAL QUE VOCÊ XPERIMENTA NÃO É UM ESTADO PASSAGEIRO?

Porque a própria natureza do Estado Essencial engendra a convicção sem esforço de que não há "eu" que experimenta ou pode experimentá-lo, e porque não é Dois, não há oposto a ele. Portanto, não há passagem mais do que há um vir.

O que vem e vai e muda para o buscador é a intensidade do senso de separação.

Todo o drama da busca e a motivação para o Satsang são baseados na suposição de que você chegará a algum estado e estará lá permanentemente. Esta suposição é uma falsa crença que surge do senso de separação.

"Espírito" não é uma experiência que 'temos'.

—Acho difícil de entender.

Justamente. É incompreensível.

—Como podemos entendê-lo e alcançar a paz de que você fala?

Não podemos entendê-lo. Só podemos entender a experiência. A fonte da experiência é não-compreensível. Mas isso é apenas metade do indicador. Algumas pessoas podem muito bem "entender" ouvindo apenas essa metade. Sortudos, esses são.

Há a outra metade para o resto de nós mortais: não podemos entender a Verdade, mas podemos entender o que é falso. Olhe para o falso, reconheça-o como falso, e ele se dissolve naturalmente e sem esforço, e a Verdade "se torna conhecida".

Quando somos crianças, acreditamos em Papai Noel. Um dia, descobrimos que ele não existe, então sua falsidade se dissolve para sempre. É impossível reinstaurar o Papai Noel. Você vive livre dessa falsidade e suas implicações inofensivas, embora possa decepcionar algumas crianças.

Então, o indicador é dado: olhe para sua experiência e encontre o "eu" Onde está? Concentre-se na investigação. Olhe com cuidado e atenção.

Ao olhar do ângulo correto, verá que o "eu" é exatamente como o Papai Noel: uma imagem ou conceito, mas neste caso, associado a um corpo e uma personalidade. Isso não é uma analogia. O processo de ver o falso como falso é exatamente o mesmo.

O problema é que acumulamos uma enorme rede de crenças, hábitos e justificativas sobre quem ou o que somos desde a infância, incluindo ensinamentos espirituais como aqueles que nos ensinam que "somos" uma alma em evolução.

Desenvolvemos um sério investimento emocional neste "eu", o que representa um obstáculo considerável para a realização da Paz. As implicações dessa falsidade estão longe de ser inofensivas, como as do Papai Noel.

Então, o trabalho é estudar a mente, parar de justificar nossas mesquinhas emoções negativas porque elas funcionam como cola para a psíque, e parar de repetir crenças erradas. Então, o reconhecimento pode surgir de que todos esses pensamentos, emoções e sensações não equivalem ao "eu" de forma alguma.

Se persistirmos nisso e continuarmos descartando o falso, o que resta é a Paz não-compreensível do Ser.

–Diz-se que "não há mundo e nada nunca aconteceu". O que isso tem a ver com a Autorrealização?

Nocionalmente, a consciência tem dois modos de ser: Manifestado e Não-manifestado. Mas eles são concorrentes e não separados. Eles não são dois. Não há divisão ou movimento entre eles.

Dentro deste paradigma, tudo o que pode ser experimentado, incluindo pensamentos, emoções e percepções de qualquer tipo em qualquer dimensão, física e além, é chamado de Manifestado.

Como o Não-manifestado, a Consciência é puro potencial e, portanto, pode-se dizer que é a fonte do Manifestado. É sem dimensões, portanto, atemporal e sem espaço. Assim, não há mundo, e nada nunca aconteceu, está acontecendo ou acontecerá. É a quietude perfeita sempre presente, repleta de vida.

Esta é uma descrição de como as coisas são agora e em todos os momentos. A Consciência "é".

Não seremos livres quando "não houver mundo, e nada nunca tiver acontecido". Isso é um mal-entendido. É o intelecto projetando. Chega de projeções. Descarte-as.

Temos que discernir quando o ego está fazendo truques e usando idéias espirituais como essas para projetar felicidade "fora da manifestação", "fora do sonho", "além", ou no "céu", como se a Manifestação fosse um problema em si. E para resolver esse problema, a abandonaríamos e iríamos para o Não-manifestado.

Isso é imaginação e intelectualização excessiva e provavelmente é um sinal de depressão ou tédio.

É melhor reconhecer que se está infeliz e focar em estudar a psíque e o ego mais profundamente.

Temos que estar cientes de onde os pensamentos vêm em nossas personalidades. Use a ferramenta certa para o problema que enfrentamos e deixe o Não-manifestado e o Manifestado pra lá.

–O QUE É O SENTIDO "EU SOU?"

Você pode ter tido a experiência de acordar de manhã antes de seus olhos abrirem, e você não sabe onde está. Há apenas espaço escuro infinito, mas ele parece iluminado, e a luz brilha de "você". Não há pensamento, emoção ou sensação; você não tem um nome, e você não é ninguém.

A consciência de "existir". Isso é o "Eu Sou". O único conhecimento que está presente é o conhecimento de que você é. Não é conhecido conceitualmente, mas diretamente na Consciência como pura Consciência manifestada.

"Eu Sou" é a semente do mundo. É o princípio Criativo manifestado. É a Consciência Crística ou Filho de Deus. A Criação a partir do Criador. Manifestação a partir do Não-manifestado.

Metafisicamente falando, o espaço aparece primeiro na Criação, seguido pelo elemento Fogo: luz. Que haja luz.

Depois disso, pensamentos e imagens surgem na mente—mesmo antes dos olhos abrirem. A imaginação surge. Esse é o elemento Ar. Ele surge após o Fogo. Assim, o mundo aparece em camadas.

Em seguida, as emoções aparecem—o elemento Água. Memórias e conexões emocionais começam a se agitar. Depois das emoções, sensações e o corpo são sentidos, assim a consciência do mundo físico surge. Esse é o elemento Terra.

Essa é a cosmologia. Este modelo pode ser visto representado em muitos diagramas esotéricos tradicionais orientais e ocidentais.

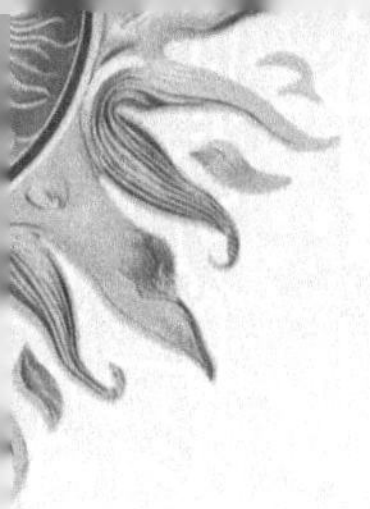

Psicologicamente, se o senso de separação está ativo, o sofrimento psicológico surge devido a padrões repetidos de pensamento, sentimento e sensações ao longo dos anos.

Isso cria a impressão de que algo errado no viver——uma inquietude sutil, e frequentemente não tão sutil.

A maioria das pessoas então entra em um estado onde não há mais questionamento; há apenas repetição de percepções erradas e idéias erradas sobre a realidade. Assim, o sofrimento psicológico é inevitável e persistente.

Com uma investigação adequada, podemos começar a olhar para dentro. A Verdade não está oculta. Apenas um aspecto particular da mente está aparentemente obscurecendo-a. Uma vez que observemos bem o que está acontecendo, o apego às nossas visões errôneas se desfaz naturalmente.

A crença errada central está na veracidade de uma entidade separada chamada "eu". "Eu Sou" é uma criação real, mas não uma entidade separada. É a Pura Consciência manifestando-se espontaneamente e subsequentemente tomando a forma desta personalidade e corpo. A Pura Consciência não precisa ser salva, consertada, evoluir ou ir para o paraíso.

"O guerreiro espiritual não tem inimigos externos...
O guerreiro espiritual não tem inimigos internos...
O guerreiro espiritual não tem inimigos...
O guerreiro espiritual não está em guerra...
O guerreiro espiritual encontrou a paz...
O guerreiro espiritual não é guerreiro...
O guerreiro espiritual está rindo...
O guerreiro espiritual é...
O guerreiro é...
Espírito..."

—Narayan

– PSÍQUE –

–O que é Lembrança de Si?

Na minha definição, Lembrança de Si é o ato de direcionar a atenção para a fonte da atenção.

Um arqueiro deve saber onde está o alvo antes de poder atirar a flecha. Devemos saber o que é o "Eu" antes que ele possa ser relembrado. Logicamente, a Lembrança de Si se torna eficaz e eficiente após o Despertar, não antes.

Os "estados de presença" aleatórios que acontecem antes do Despertar são rapidamente reivindicados pelo ego. "Eu estava presente", dizemos. "Eu lembrei de mim mesmo", dizemos.

O estado já passou quando o pensamento "Estou lembrando de mim mesmo" surge. Por assim dizer, porque o Estado não passou realmente. O que passou foram as "férias do ego", já que ele está de volta fazendo afirmações imaginárias sobre "eu" e a consciência.

Após o Despertar, essas afirmações perdem todo o significado. Elas parecem uma mentira. E são. Ninguém se lembra de Si.

O Despertar muda o paradigma de autorreferência. Não somos o que pensávamos ser o tempo todo no passado. É por isso que o Despertar é chamado de Despertar.

O Verdadeiro Eu não pode ser abordado conceitualmente. Ele pode, como o termo sugere, ser lembrado. O ato de lembrar parece começar na mente. Logo, fica claro que a lembrança se origina além da mente e nunca realmente deixa sua origem. É um milagre silencioso. O Eu jogando o jogo de lembrar-se de Si. O Eu chamando o Eu para ser ele mesmo.

No Tarô, isso é representado pela carta "O Julgamento".

O termo "relembrar", embora longe de ser literalmente verdadeiro, é apropriado como um indicador porque implica que o Eu já "é" e que já é conhecido. Nada novo está sendo descoberto ou criado. Apenas um ajuste no ângulo de percepção ou fluxo de atenção é necessário para pôr fim ao senso de separação.

Se isso acontece, não é mais necessário relembrar, pois se torna irrevogavelmente claro que não há "Eu" algum para ser relembrado, apenas Pura Consciência e Nós Somos Isso —agora, sempre e em todos os lugares.

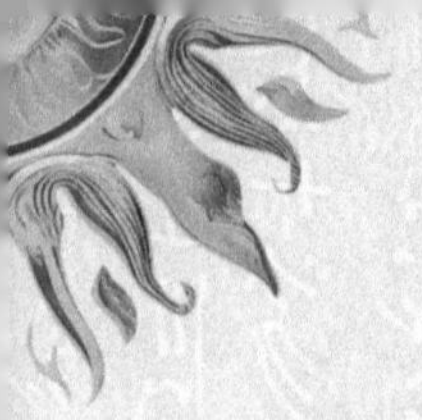

–O OBJETIVO FINAL DA ESPIRITUALIDADE NÃO É TORNAR-SE CONSCIENTE?

Em relação à Realização Espiritual, devemos ver a personalidade em sua totalidade. Nenhuma pedra pode ficar sem ser virada. Todos os demônios devem vir à luz. Tudo o que produz sofrimento deve ser visto—não há exceções.

Não é uma questão de se livrar intencionalmente de qualquer coisa; é uma questão de consciência. A partir daí, tudo se resolve por si só. A Consciência elimina espontaneamente o que é inútil.

Ser consciente não é o fim do caminho; é o começo do fim. O fim do caminho é perder o que uma vez acreditamos ter nos tornado.

–ALGUNS ENSINAMENTOS NOS EXORTAM A ESTAR PRESENTES. ISSO É ÚTIL?

O que é que está presente? Qual é a verdadeira natureza da Presença? Qual é o lugar da mente na Presença? Quem está presente na Presença? Onde está o "eu" na Presença? É o "eu" que depois diz aos nossos amigos que "eu estava presente"?

É bom tentar estar presente, mas a investigação tem que ir mais fundo para pôr fim ao caminho e ao sofrimento.

Apenas a realização na experiência direta do que está presente e o que está ausente nessa Presença pode abrir a porta para a libertação da consciência da roda da imaginação e do sofrimento psicológico.

O Presente não é um momento entre o passado e o futuro.

Espiritualmente, o tempo ou qualquer outra dimensão nunca existiu; portanto, diz-se que nada nunca aconteceu na Pura Consciência. A Verdadeira Natureza da Realidade é a adimensionalidade.

A palavra "eternidade" é frequentemente mal utilizada quando se fala de espiritualidade porque geralmente implica tempo infinito para "eu" experimentar.

A Presença, no entanto, é Atemporalidade, não um ponto presente no tempo ou pontos infinitos no tempo. Quando a realização de Quem Somos ocorre, isso é "entendido" de forma bastante clara, e é impossível "des-entender", assim como é impossível reinstaurar o Papai Noel como o portador de presentes no Natal.

Um corolário desse Entendimento é que o sofrimento baseado na necessidade de "eu" no futuro ou no passado se torna ausente.

–Você pode comentar sobre o que se entende por Caminho da Negação?

O caminho da negação é o que acontece após o Despertar. No Despertar, a única Coisa que importa se torna Conhecida. A partir de então, a maior parte do que preenchia nossas mentes sobre espiritualidade se torna obsoleta e é naturalmente descartada porque muitas idéias espirituais apoiam a busca. É simples assim.

Após o Despertar, a idéia de adquirir algo, como adquirir consciência, por exemplo, torna-se absurda.

Em algumas tradições, o caminho da negação é referido como Neti-Neti. "Não isto, não aquilo". O que está sendo buscado não é nada que possa ser nomeado ou tenha uma forma.

No Tarô de Marselha, esse padrão no caminho espiritual é eloquentemente retratado pela carta número 13, que aparece imediatamente após a carta que simboliza a Revelação ou Despertar. Elimine. Não isto, não aquilo. O que é buscado não é seu nome, corpo ou "eu", não Buda, não ninguém, não nada. Não sua imagem de si mesmo.

Após o Despertar, a eliminação é o foco. Realização ou aquisição é imaginação ou entretenimento. O obstáculo final e único para a Realização Espiritual é a imaginação. Então, uma forma particular de imaginação tem que ser eventualmente eliminada. O "eu liberado" é uma imagem, uma projeção.

–A Realização Espiritual é felicidade?

Sim, desde que você não esteja lidando com um cálculo renal, não tenha alguma doença debilitante, um ente querido não tenha acabado de morrer, você tenha segurança financeira e um grupo de apoio, você viva rodeado pela natureza ou beleza, não esteja na prisão, não esteja sem-teto, não viva em uma zona de guerra, ou você seja um santo. Caso contrário, a Realização Espiritual é infelicidade.

Digo isso de forma meio satírica. A palavra "felicidade" é muito tendenciosa. O grau de dualismo emocional e sensorial associado a ela é enorme. Não gosto muito de usá-la para apontar o que é Não-Dual.

Um dos obstáculos comuns durante a busca é o desejo ou anseio por um estado de prazer permanente. Não importa se o prazer é sexo, café ou um estado místico de união com o que quer que imaginemos que Deus seja. Não é possível.

Essa ingenuidade morre com a morte do senso de separação.

A vida se torna crua, de certa forma. Você aprecia a brisa leve e o sol, e é varrido e esmagado por uma tempestade e tudo mais entre esses extremos.

A felicidade que surge da não-compulsão para satisfazer desejos é diferente da felicidade que surge da satisfação de desejos ou de evitar da dor.

–VOCÊ ESTÁ DIZENDO QUE CHEGOU AO FIM DO CAMINHO ESPIRITUAL?

Houve um capítulo na minha vida chamado "um caminho", mas ninguém o percorreu. Isso não é uma analogia. É literal.

Na minha definição, a Realização Espiritual é a remoção da falsa crença na existência de uma entidade separada chamada "eu" que teria deixado a Fonte e chegaria a algum lugar e encontraria a felicidade.

A Felicidade pode ser encontrada, mas não da maneira que imaginávamos. É Simplicidade, Normalidade e Tranquilidade, a mesma simplicidade presente em uma criança de três anos.

A remoção do senso de separação é o que se quer dizer com o ditado: "Para entrar no reino dos céus, temos que nos tornar como uma criancinha".

No entanto, a psíque continua aprendendo, desaprendendo, adaptando-se, desejando, criando, etc., tanto na forma física quanto além. Isso está na própria natureza da consciência humana, então há um caminho do que poderia ser chamado de evolução no tempo.

Alguns se referem ao caminho da evolução como o caminho espiritual. Eu não. A experiência da individualidade suscita esse conceito para descrever a percepção do tempo, aprendizado, maestria, execução e criação. Embora a experiência do tempo esteja embutida na busca espiritual, a Realização Espiritual transcende o tempo e seus frutos.

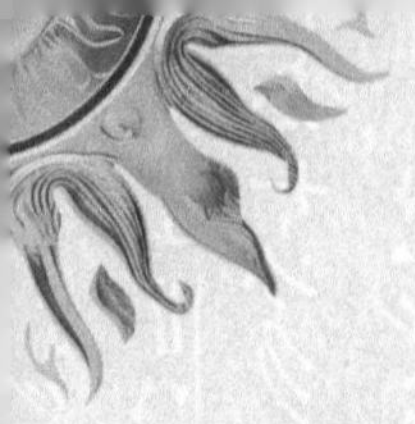

O MEDO ESTÁ NO CERNE DA FALSA PERSONALIDADE.

É a mãe de todas as emoções negativas autocentradas. Se o medo não for visto e compreendido clara, e sinceramente o suficiente, a falsa personalidade permanece ativa e em primeiro plano. Não há liberdade. Estamos presos entre o inferno e o purgatório.

A preponderância da falsa personalidade pode ser devido a muitas razões e não deve ser julgada levianamente. Mas buscar a Iluminação ou simplesmente ansiar por liberdade sem estudar a mente é inútil e ingênuo. O tempo é limitado; use-o ou perca-o.

O medo está intrinsecamente ligado à raiz do sofrimento. Ter uma compreensão clara do medo usando um sistema de delineação psicológica objetivamente preciso é extremamente útil. Pode ser muito eficaz na neutralização da falsa personalidade e do sofrimento inútil que ela produz.

Sem essa neutralização, qualquer paz que surja do Despertar ou da Realização Espiritual está fadada a permanecer instável ou simplesmente não realizada.

–Como você vê o trauma em relação à Realização Espiritual?

O trauma inconsciente ou eventos cármicos devem ser trazidos à luz da consciência para digestão consciente. O processamento é diferente para diferentes pessoas e diferentes eventos.

A digestão pode levar um minuto de choro, meses de psicoterapia ou uma sessão de Ayahuasca. Não importa. O que importa é que se as coisas ficarem no escuro, elas continuarão causando sofrimento inconsciente até que sejam corretamente processadas com clareza, compaixão e todo o perdão necessário.

Isso se aplica tanto ao trauma que sofremos quanto ao trauma que causamos aos outros, pois culpa e censura são obstáculos para a Realização Espiritual.

Se sabemos que temos um ponto dolorido no fundo de nossas mentes, não faz sentido sentar e esperar. É sábio buscar métodos de tomar consciência do que aconteceu no passado na medida do possível e processá-lo conscientemente.

A dor genuína experimentada inconscientemente produz sofrimento inconsciente desnecessário, eventualmente se calcificando na personalidade. A saída desse buraco psíquico é através da luz.

A FALSA PERSONALIDADE É AQUELA PARTE DO NOSSO EGO QUE, QUANDO ATIVA, PRODUZ SOFRIMENTO PSICOLÓGICO.

A falsa personalidade se manifesta através de sete padrões conhecidos e discerníveis de medo. Conhecer quais padrões são nossos meios favoritos de criar sofrimento é útil. Esses padrões formam os principais obstáculos para viver em paz, sem medo e livre de falsas expectativas.

Os seguintes termos são emprestados do Sistema de "Overleaves" dos "Michael Teachings". Nesse sistema, eles são referidos como "traços principais" da falsa personalidade.

TEIMOSIA

Medo de mudança, medo de instabilidade, cabeça-dura, obstinação, rigidez, dificuldade em aceitar o novo e de mudar opiniões. Inquietação devido a pessoas e situações de vida imprevisíveis que provocam mudanças.

IMPACIÊNCIA

Medo de perder oportunidades. Medo da falta de tempo. Tentativas de empilhar mais atividades do que é possível ou sábio dentro do tempo disponível. Pressa. Intolerância. Irritação. Ansiedade.

MARTÍRIO

Medo de ser oprimido. Busca situações onde a vitimização é provável de ocorrer. Auto-sacrifício sem sentido. Reclamação excessiva. Sentir-se vitimizado. Alguém ou o universo está "sempre contra mim". "Por que isso sempre acontece comigo?"

ARROGÂNCIA

Medo de ser julgado e condenado. Busca situações onde o julgamento é provável. Timidez. Tentativa extrema de não cometer erros. Esconder-se. Medo de ser desagradável ou mal compreendido.

AUTO-DEPRECIAÇÃO

Medo de ser inadequado, do conflito e de não agradar. Dizer sim quando se deveria dizer não. Aquiescência. Baixa autoestima, auto-rebaixamento. Sentimentos de auto-indignidade. Inação.

GANÂNCIA

Medo da falta. Medo da perda. Acumulação de bens, conhecimento, dinheiro ou experiências além da utilidade. Gula. Mesquinhez. Sentir que nunca se tem o suficiente. Insatisfação.

AUTO-DESTRUIÇÃO

Medo de perder ou não ter controle. Busca situações de perigo, desafios ou grande dificuldade. Desrespeito e desdém pela vida. Vícios de todos os tipos.

–Sinto-me inquieto na maior parte do tempo...

Excluindo problemas neurológicos ou excesso de cafeína, se a inquietação persiste, provavelmente significa que a falsa personalidade não foi totalmente vista e reconhecida. Uma parte da psíque quer liberdade; outra parte quer se esconder e continuar sofrendo.

Em outras palavras, certos padrões mentais-emocionais temerosos ainda estão ativos e comandam o show. Essas partes do ego são inconscientemente justificadas em nossos pensamentos baseados unicamente em algum medo sutil que permanece ativo e desconhecido.

Os sete padrões de medo são conhecidos há milênios. Encontre os seus. Não podemos contornar a psicologia porque a psíque expressa sabedoria, amor e beleza. Se a psíque está sobrecarregada pelo medo, ela não pode expressá-los.

A idéia não é se livrar do medo, mas reconhecê-lo pelo que é e ver se é justificado. O medo na falsa personalidade é baseado na imaginação. Quando é visto, ele se dissolve.

Introspecção, meditação e análise podem ser usados para investigar a personalidade e determinar o que é verdadeiro e falso em sua operação.

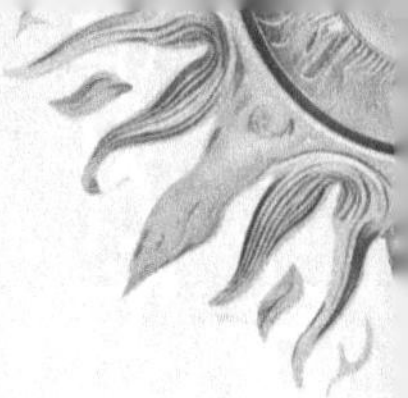

–Alguns dizem que não há nada a ser feito sobre a Iluminação...

Se há dúvida sobre se algo precisa ser feito, então algo pode ser feito porque a busca está ativa.

Então o indicador é dado sobre o agente, não a ação. Onde está o agente? Uma simples pergunta para convidar à introspecção. De onde surge a ação? Ponto final. Nada mais que isso.

Realizar introspecção é "fazer algo". Não realizar introspecção é fazer outra coisa. Há muito "fazer". Mas onde está o agente?

Se a realização de que não há agente separado surge, isso é uma bênção porque será notado que o sofrimento desnecessário está ausente na realidade da Pura Consciência.

Tome a culpa, por exemplo. Sentir remorso por se comportar mal é saudável. É assim que os humanos aprendem. Mas a culpa envolve apego a ser uma entidade separada e adiciona uma camada extra de sofrimento desnecessário.

A pessoa que se sente culpada sofre muito pela incapacidade de mudar seus sentimentos. A realização de que não há agente dissolve esse sofrimento na hora.

A partir de então, do ponto de vista do testemunhar impessoalmente, se a falsa personalidade aparecer, ela é percebida como uma nuvem passando e não como algo que deve ser eliminado.

O BÁSICO

Cuide do corpo e das necessidades físicas. Caso contrário, pode ser difícil discernir entre sofrimento real e imaginário.

Seja criativo e materialize essa criatividade. Isso inclui encontrar soluções para problemas. Ou então, pode-se tornar suscetível à depressão e rejeição da vida.

Encontre ferramentas e métodos para descobrir e processar traumas passados. Isso inclui discernimento e consciência de trauma naqueles com quem você compartilha sua vida, pois eles o influenciarão. Interaja com pessoas sãs e sensíveis e exponha sua vida interior a elas, pois isso proporcionará perspectiva e apoio.

Obtenha e use conhecimento correto sobre o funcionamento da psíque. Aproveite o potencial da mente para descobrir o que é falso e seu potencial para direcionar a atenção para O que é Verdadeiro. Pois conhecimento não esclarecido, teoria excessiva ou crença excessiva mantém a mente girando em círculos sem resolução das questões mais profundas.

Observe tudo sem julgamento ou expectativa, e não exija perfeição, pois exigir perfeição é um mau uso do intelecto. Se houver julgamento ou expectativa, observe o julgamento e a expectativa.

Nos momentos em que o sofrimento alivia, dê livremente a si mesmo e aos outros, pois esse é o trabalho natural e legítimo da mente, do coração e do corpo, mas principalmente do coração. Novamente, sem expectativa. E se houver expectativa, observe-a.

O resto se encaixará por si próprio, e você pode descobrir que não há Nada de Errado e que a Liberdade que você busca está permeando sua vida diária.

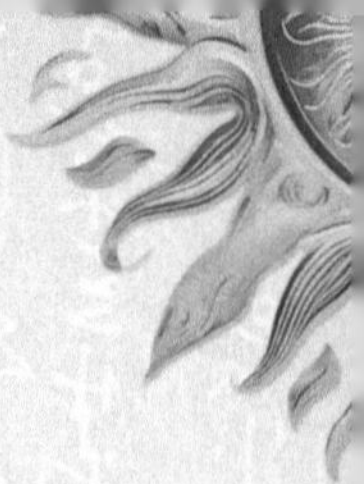

–Preparamos a casa para a chegada do Mestre?

Sim, essa é uma boa analogia com uma ressalva, como deve ser o caso com todas as analogias.

A casa é a personalidade e o corpo. A chegada do Mestre é o evento da Realização de nossa Verdadeira Natureza. Se a casa estiver em boas condições, o Mestre pode ficar e viver lá. Caso contrário, o Mestre não pode.

Primeiro, as necessidades físicas básicas e a estabilidade devem ser abordadas. Então, deve haver maturidade e força psicológica suficientes, ou seja, uma personalidade suficientemente livre de falsas crenças, falsas idéias (imaginação) e emoções negativas, e um grau de desapego deve estar presente.

Então, se o Despertar ocorrer e a casa estiver limpa, ele pode "aderir". Se a personalidade estiver "suja", a Verdade do Despertar não aderirá. O Mestre irá embora. Superfícies não grudam se houver poeira ou sujeira entre elas.

É comum que um Despertar ocorra antes da Realização Espiritual se estabelecer. É um vislumbre para o buscador.

O Despertar revela o que o buscador está buscando. Até então, o trabalho era todo feito no escuro, baseado em objetivos espirituais idealizados para um "eu" que nunca existiu em primeiro lugar.

Se a personalidade ainda estiver desequilibrada, o Vislumbre permanece uma memória, e então mais trabalho é necessário até

que a personalidade esteja limpa o suficiente. Então, a Realização Espiritual pode ocorrer.

Após o Vislumbre, o processo de eliminação e limpeza se torna uma prioridade, alimentado pelo desejo do buscador de levar o processo até o fim.

A ressalva da analogia é que a "chegada do Mestre" não é algo no futuro. Nenhum Mestre chega. Nenhum "eu" real chega. O Real nunca foi a lugar algum, e você nunca esteve separado Dele. Essa é a limitação da analogia.

Devido à própria natureza da mente e identificação, o buscador inevitavelmente projetará a libertação no futuro. Afinal, o sofrimento está presente e não desaparece, então devemos esperar e projetar que, em algum momento, ele não estará lá. Mas essa perspectiva pode mudar.

O Que Está Sendo Buscado está aqui e agora. Sempre e em todo lugar. Esse é o cerne de todo o drama.

–O QUE VOCÊ QUER DIZER C
OM AMOR, VERDADE E BELEZA?

Quando a mente está estável e livre da inquietação induzida pelo tempo, não há rejeição do que está no momento; há uma profunda aceitação ou acolhimento do Que É, portanto, amor.

Após a realização de Quem Somos, a Verdadeira Natureza do universo também é conhecida —conhecida por não ser diferente ou separada do Que Eu Sou: Consciência, portanto verdade.

Quando a mente não está resistindo ao que está no momento, ela espontaneamente cria alegria e compartilha alegria, portanto beleza.

Essa trindade corresponde à operação natural dos três centros dos seres sencientes: emocional, intelectual e físico.

Uma pessoa normal vive em amor, verdade e beleza. No Tarô, isso é representado pela carta "O Mundo".

Certamente é tudo conceitual. No entanto, os conceitos apontam além do conceitual em uma aposta de que nossa visão possa se voltar naquela direção.

Pensar não é tudo igual. Alguns pensamentos apoiam o senso de separação do ego. Outros convidam a Verdade e são um reflexo da Verdade.

O ego foi condicionado a pensar que somos o corpo e a personalidade. Essa é uma suposição profundamente enraizada que a maioria das pessoas nunca questiona. E junto com uma pesada carga emocional, ela sustenta o senso de separação do ego.

O que estou fazendo aqui é oferecer conceitos que estimulam o questionamento das inverdades profundas que carregamos em nossas psíques.

Quanto a se pensar faz diferença ou não, isso está totalmente fora das minhas e das suas mãos. Na verdade, entender que está fora de nossas mãos já pode impactar significativamente o grau de sofrimento experimentado. Pode, de fato, eliminar o sofrimento porque a impotência individual é em si uma faceta da Verdade. E a Verdade nos liberta.

John Wheeler me disse que eu sou o Céu e que o ego e o corpo são nuvens. Ouvir isso teve um papel crucial no Despertar que ocorreu pouco depois. E a Verdade apontada então permanece a fonte de paz na minha vida diária.

–Parece que a Iluminação produz clareza sobre a vida...

A clareza é uma das dimensões manifestadas do Estado Natural. Clareza é Verdade. A Iluminação provavelmente não seria chamada de Iluminação se não fosse.

Mas uma vez que o Despertar ou a Iluminação ocorre, um novo processo geralmente começa na personalidade. A Iluminação raramente acontece e ficamos livres do sofrimento de uma só vez. Um processo de eliminação, cura e reeducação é necessário.

Embora a clareza mental e a eloquência não sejam sinônimos de Iluminação, a clareza de pensamento é um bem valioso nos processos antes e depois da Iluminação.

–Até que a realização final aconteça...

O conceito de realização final mantém o buscador buscando e atado ao tempo em vez de olhar para o presente para o que importa. É um beco mental sem saída. Não promove clareza de forma alguma.

Você não pode pensar em uma realização final, pensar que é um buscador e realizar a Investigação simultaneamente. Ou você alimenta a busca pensando "Você não está lá" e "Realizará um dia", ou você direciona sua atenção para Nossa Verdadeira Natureza agora mesmo.

Se isso for impossível, devemos voltar atrás e olhar para a falsa personalidade mais de perto porque certas coisas ainda estão inconscientes. Não há mistério. Esses são padrões conhecidos.

A falsa personalidade tem idéias sobre o que são o Despertar e a Realização Espiritual, e essas idéias são construídas sobre os medos da falsa personalidade. Então, ela projeta esses medos no evento ou estado de Iluminação ou Realização. Temos que ver e entender nossos medos imaginários para que possam ser descartados. Não há atalho.

—Ou simplesmente deixamos tudo isso prá lá...

Bem, isso seria um atalho! A questão permanece: você pode fazer isso por escolha e vontade?

Se "deixar prá lá" acontece, ótimo! Vamos fazer uma festa em vez de falar sobre essas coisas... Se isso não ocorre, olhar e estudar a mente pode ser muito eficaz. A mente está equipada para desfazer sua autosabotagem.

Alguns pensamentos alimentam a falsa personalidade; outros são neutros, e outros auxiliam na investigação. Um certo grau de discriminação deve estar presente para discernir. É aí que a clareza mental é útil e necessária.

–O EGO NÃO PODE APRENDER A SE COMPORTAR DE MANEIRA SAUDÁVEL?

Ele aprendeu a se comportar mal no passado. Se o desejo e as condições estiverem presentes, certamente pode receber uma nova e mais sábia educação. Felizmente.

Quando vemos claramente que não somos a imagem que fomos programados a acreditar que somos e vemos o corpo pelo que realmente é—uma percepção ou experiência presente—o ego naturalmente e espontaneamente começa a operar de forma mais saudável, na medida em que falsas crenças são eliminadas e não são mais seguidas. Certos estímulos são removidos, então respostas específicas também são removidas.

Concentre-se em reconhecer o que é falso e eliminar o que é inútil, e todo o resto se ajustará graciosamente.

No entanto, não espere perfeição. A noção de que nos tornaremos doces como mel, mestres de nossos pensamentos e emoções, ou nos tornaremos como Buda ou quem quer que tenhamos elevado a um pedestal espiritual pode ser inspiradora, mas em última análise, é espiritualmente equivocada.

Um certo número de pessoas pode realmente se comportar como Madre Teresa de Calcutá porque é para isso que suas almas e personalidades estão sintonizadas. Para outros, este não é o caso.

Cada personalidade é programada de forma única em termos de traços e profundidade. Além disso, cada alma é única e tem seu foco, traços, história e idade, moldados através de muitas vidas

físicas. Mesmo que o que nos une a todos seja Um, cada indivíduo manifesta a Realização Espiritual de maneira diferente.

Buda foi a encarnação de uma alma tão antiga que sua manifestação é inimaginável para nós. Sua manifestação consciente vai muito além do reino físico. Se o encontrássemos, perceberíamos apenas uma fração de seu ser.

Para algumas pessoas, certos traços desagradáveis são erradicados. Para outras, eles são percebidos como nuvens passageiras. A Paz da Aceitação Total que surge do Estado Natural significa aceitação total da experiência neste momento. Nenhuma projeção e nenhuma perfeição são necessárias.

–A ORAÇÃO É ÚTIL?

Se você não amarrar seu camelo e ele fugir, e então você rezar por sua recuperação, você pode muito bem recuperar seu camelo. Mas se você ignorar sua negligência, não ganhará nada substancial. É provável que você perca seu camelo novamente.

Suponha que você reze por libertação do sofrimento, mas permaneça inconsciente de sua auto-sabotagem e justifique todos os tipos de idéias falsas, teorias e crenças, e emoções negativas autocentradas. Nesse caso, a oração é inútil e pode até sair pela culatra. Nenhum deus lhe dará paz se o diabo correr livre em seu jardim não cuidado.

A oração pode ser usada como um tipo de meditação. Você concentra sua atenção em uma idéia e tenta extrair a Sabedoria por trás dela. A Lembrança de Si ou Auto-Indagação é uma dessas práticas.

Tome a primeira linha da oração de São Francisco, por exemplo: "Senhor, fazei-me um instrumento de Vossa paz".

Concentre-se na paz, e se ela for revelada, a oração terá funcionado em seu nível mais profundo. Se a Paz do Senhor é Conhecida, o Eu é Conhecido. Tudo aponta para a mesma Coisa. Convida ao Despertar.

—Mas no texto dessas orações, há uma separação entre Deus e eu!

Essas orações podem ser úteis antes do Despertar. Depois, elas perdem sentido porque a experiência dita que não há separação.

É o mesmo com os poetas místicos. Eles dizem: "Não volte a dormir" e "o Amigo"... Você nunca esteve acordado e nunca dormiu, e não há "Amigo" separado.

Com o Despertar, sabe-se por experiência direta que não há eu aqui e um "Amigo" lá. Então, orações e exaltações a Deus se tornam sem sentido e são naturalmente descartadas. Esse processo dá lugar a um relacionamento mais profundo com a Divindade, que culmina a qualquer momento com a Dissolução de tal relacionamento.

—E é morrendo que nascemos para a vida eterna". Suponho que isso se refira à morte do ego.

Isso se refere à dissolução do senso de separação. Essa manifestação do ego cessa e, assim, o Ser Eterno se torna evidente.

A noção de morrer para a vida eterna após a morte física, que é prevalente em certas religiões, é uma interpretação errônea, fantástica, e é uma distorção de ensinamentos espirituais outrora genuínos.

A Realização Espiritual não tem relação com a morte do corpo físico. Ela se relaciona, ou é igual, à morte do senso de separação. Nada mais.

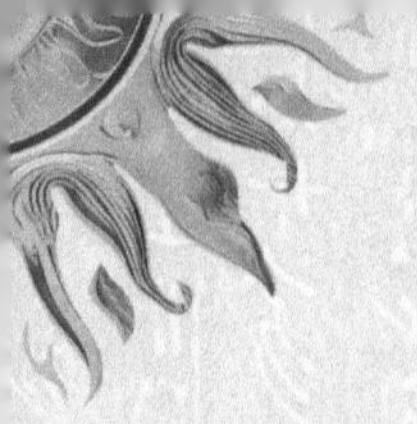

–A MEDITAÇÃO É ÚTIL?

O que é meditação? É passar tempo prestando atenção em algo ou algum processo.

A meditação para investigar quem experimenta estados, ou seja, o Sujeito da experiência, pode levar ao Despertar, o que significa a revelação de paz ininterrupta além do pêndulo, sem compulsão por experimentar ou buscar este ou aquele estado.

A meditação, ou "prestar atenção", é vital na observação e análise da psíque e na eliminação do que é inútil e prejudicial.

Há evidências de que a meditação pode ser útil para outros propósitos também. Depende do que se quer e do grau de compreensão de cada um.

–A CIÊNCIA ENTENDERÁ A CONSCIÊNCIA UM DIA...

A ciência entenderá as dimensões da consciência manifestada, explorará e expandirá, e criará coisas e experiências incríveis. Isso inclui criar soluções para promover o bem-estar do corpo e da mente.

A ciência não entenderá a Pura Consciência ou a Fonte da Manifestação. Isso não é porque a ciência é de alguma forma falha ou porque indivíduos inclinados à ciência carecem de intenção ou habilidade, mas porque simplesmente não se aplica; são maçãs e laranjas.

Ao mesmo tempo, a palavra "consciência" tem significados diferentes dependendo do contexto em que é usada.

Quanto ao significado de Consciência como uma busca espiritual, a única coisa que importa é a cessação do sofrimento desnecessário, no que diz respeito a minha abordagem.

A ciência da psicologia pode ajudar com isso. Os diferentes processos abordados pela psicologia e sua relação com a espiritualidade são eloquentemente descritos no Tarô de Marselha, e os padrões de sofrimento desnecessário são nitidamente delineados no Sistema de Overleaves dos Michael Teachings.

−É NECESSÁRIO UM PROFESSOR PARA A REALIZAÇÃO ESPIRITUAL?

Não há regras. O professor na forma de uma pessoa é apenas uma das muitas possbilidades.

Uma pessoa que é um professor pode fornecer articulação intelectual consistente e ressonância emocional. A interação humana é especial por causa da empatia. O professor viveu o sofrimento que o buscador está vivendo. No caso da Realização Espiritual, o professor entende por experiência direta como o fim do sofrimento acontece.

−Que outras formas são possíveis?

Depende do foco, profundidade e amplitude de consciência com que somos dotados, e nossa capacidade de reconhecer as mensagens. Tarô, conexão telepática com guias, canalização, livros, vídeos e áudios são todos possíveis professores.

Se o Despertar já aconteceu, sabe-se "para onde se está indo", então a ajuda virá para levar na direção de finalizar o processo de dissolução da falsidade.

Se não aconteceu, os indicadores nos mostrarão o que devemos ver para fortalecer nossa verdadeira personalidade e nos preparar para o Despertar.

Nosso marido ou esposa pode ser um professor. Um amigo, o mendigo na rua, o caixa do supermercado, nosso animal de estimação, o céu, uma flor, a mancha de óleo no asfalto, qualquer coisa ensina.

Quanto menos medo egocêntrico houver, mais professores poderosos se tornam disponíveis.

Ser consciente em si é um professor. Em um estado de suficiente sensibilidade, tudo está nos ensinando algo o tempo todo.

Li em algum lugar que o sábio Milarepa deu uma resposta interessante a essa pergunta. Ele disse: "Eu tenho vinte e oito professores, incluindo os quatro elementos".

Isso significa que ele estava em um estado de não-envolvimento com o ego, de modo que qualquer coisa em sua vida estava apontando o caminho, e ele podia ouvir.

Nos últimos estágios do caminho espiritual, não há hierarquia. Professor e aluno são iguais. Sua diferença reside apenas no fato de que um sofre desnecessariamente, e o outro não. Então, aquele que não está sofrendo faz o que pode para ajudar o outro.

–NÃO HÁ PROVAS DE NADA ESPIRITUAL, APENAS CRENÇAS.

Concordo em parte. Espírito não é uma "coisa" ou experiência; portanto, não pode ser medido, demonstrado ou provado.

Ao considerar o Espírito, o único verbo que chega perto é o verbo ser. Esta perspectiva tem o potencial de contornar a mente conceitual e nos dá uma chance de "realizar" a Verdadeira Natureza do Espírito diretamente. Caso contrário, a idéia de Espírito, ou o Estado Natural, é um mero conceito vazio.

No momento em que objetificamos o Espírito ou o Estado Natural, nos colocamos separados dele em nossas mentes. Essa imaginação fundamental mantém o buscador buscando e é obliterada quando a Realização ocorre. A Realização Espiritual não é uma compreensão conceitual. O buscador maduro requer uma abordagem diferente, um tipo específico de investigação.

Quanto às crenças, o Espírito está sempre disponível, presente e "acessível". Portanto, para algumas pessoas, o Espírito não é uma crença ou um mero conceito. Na Realização, todas as nossas crenças anteriores sobre quem somos desaparecem. Vemos a nós mesmos pelo que somos e aos outros pelo que são— não meramente a personalidade, nem mesmo uma alma, mas Espírito.

Este não é um estado grandioso; é o Estado Natural de um ser humano. Uma criança de três anos vive assim. Nossas mentes simplesmente foram preenchidas com idéias erradas e emoções negativas no curso de nossa 'educação' e condicionamento na vida, de modo que perdemos de vista o que é Natural e, assim, perdemos a tranquilidade que o Estado Natural implica.

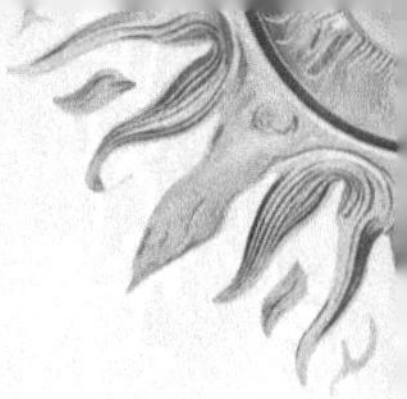

–Diga-me por que a Unidade Consciente tem algum valor para a vida na Terra!

Se por Unidade Consciente você quer dizer uma mera idéia sem qualquer referência a um estado benevolente de ser subjacente ou alguma qualidade tangível que você sabe ser valiosa, então seria bastante inútil.

Mas se usarmos o termo da maneira como estou usando, então o que estou chamando de "Espírito" ou o Estado Natural é a fonte de sabedoria inabalável, paz, compaixão e beleza para si mesmo em primeiro lugar.

Então, ele irradia silenciosamente essas qualidades para qualquer pessoa com quem você entre em contato sua família, amigos e o mundo inteiro.

Diga-me você que valor isso tem em um planeta dominado por uma espécie sofredora, imatura e destrutiva como a nossa.

"O senso de separação é a raiz do sofrimento psicológico. A raiz do sofrimento psicológico não é falta de dinheiro, tempo, amigos, atenção, café, sexo, conhecimento, experiências de consciência superior, vida eterna, ou qualquer outra coisa".

– Metafísica –

Distinções entre Espiritualidade, Metafísica e Psicologia

Minhas definições são as seguintes:

Espiritualidade é a busca do Espírito ou do Estado Natural. Através da realização do Espírito, a ignorância e o sofrimento terminam. O Estado Natural não evolui ou muda, mas é a fonte de toda mudança e paz interior imutável.

A metafísica é o estudo e experiência das múltiplas realidades que a mente humana pode experimentar. Há muitos níveis dentro da metafísica.

A alma é um corpo metafísico e veículo de experiência e expressão dentro da manifestação metafísica e física quando um corpo físico é criado. A alma evolui e muda; assim, diz-se que o objetivo da alma é experimentar, aprender, criar e evoluir.

Psicologia é o estudo da personalidade humana e seus componentes e funções. Para o propósito do trabalho psicológico espiritual, a parte da mente que requer atenção especial é mentir, idéias erradas, crenças erradas e emoções negativas que surgem delas—o estudo da falsa personalidade.

Embora não seja uma regra estrita, é comum que os buscadores espirituais se interessem e se envolvam ativamente com a metafísica em seu caminho espiritual.

Uma vez que o buscador experimenta os prazeres e o poder das realidades metafísicas enquanto está no plano físico, eles geralmente desejam voltar pra "lá" quando voltam da "viagem".

Ao redor dessa experiência, a crença frequentemente surge, e é frequentemente pregada, que a Realização Espiritual é igual a uma experiência metafísica que deve ser encontrada em um estado superior de consciência.

Isso pode se tornar uma crença falsa significativa que um buscador experimenta e se tornar um desvio ou beco sem saída no caminho espiritual.

Também pode acontecer que um insight genuíno do Estado Natural seja mal interpretado, dando origem à falsa crença de que é algo que "eu" posso alcançar.

–QUE VOCÊ QUER DIZER COM CÉU, INFERNO E PURGATÓRIO?

Esses são símbolos esotéricos. O inferno é o estado onde a falsa personalidade está ativa e dirige nossas vidas. É um estado cheio de sofrimento psicológico, medo, desconforto e inquietação.

O céu é nosso estado natural de paz e aceitação absoluta.

O purgatório é o processo mental-emocional que passamos no caminho do inferno ao céu; pode tomar a forma de "trabalho espiritual/psicológico".

O Tarô de Marselha descreve esse processo e fornece insights sobre o que prestar atenção em cada etapa ao longo do caminho.

Alguns ensinamentos psicológicos mencionam o céu ou paraíso e afirmam que você chegará lá um dia. Isso pode ser encorajador no início do caminho para criar força.

No entanto, você não chegará lá. Não há "você" que chegue a lugar algum. E o céu não está "lá"; também não está "aqui". É Onipresença, assim como o ensino original de Jesus afirma.

O céu não é o estado quando "nós" estamos presentes. Tal idéia perpetua a noção de um eu que está não iluminado ou adormecido e pode despertar ou se tornar iluminado.
Isso é meramente conceitual e sem fundamento em Realidade.

O céu não são fogos de artifício, excitação, poderes metafísicos, visões ou encontros com anjos; não são centros superiores. O céu é a calma do Ser. É um estado de ser onde o envolvimento com uma imagem de si e seus medos está ausente. O céu é Consciência sem qualquer qualificação. E ninguém e nada existe separado dele. Não é um estado especial. É a Simplicidade absoluta; portanto, também é chamado de Estado Natural.

Centros Superiores

—As funções inferiores têm um aspecto dual de positivo e negativo. Os centros emocionais superiores e intelectuais superiores não têm essa dualidade".

A "não-dualidade" dos centros superiores é uma "não-dualidade relativa" e ainda faz parte da Dualidade. Dualidade são as "dez mil coisas". A manifestação. O universo. Sujeito-objeto. Percebedor-percebido. Experiência.

Estamos misturando conceitos de tradições diferentes enquanto usamos o mesmo termo. Essas tradições descrevem modelos diferentes, e eles não são intercambiáveis.

O termo "Não-dualidade" significa algo diferente nos ensinamentos de Não-Dualidade em comparação com os ensinamentos orientados metafisicamente.

A Dualidade existe em todos os planos e em todos os centros. A "Verdade Não-Dual", como exposta por Nisargadatta, Ramana, Buda, Lao Tzu, Jesus, e muitos outros, não tem relação com planos de existência ou com centros superiores ou inferiores. A realização do que é transcendente a esses "centros" e à multiplicidade de experiências que eles proporcionam é igual à Verdade Não-Dual.

Os planos de existência são Dualidade. A evolução e ascensão da alma são Dualidade. Qualquer experiência ou percepção, superior ou inferior, é Dualidade.

A Realização da Não-Dualidade não depende de centros superiores e está sempre disponível e presente.

–QUANDO VOCÊ SE REFERE AO ESPÍRITO, ESTÁ FALANDO SOBRE A ALMA?

Não. A alma é algo associado a "eu". O Espírito está além de qualquer tipo de "eu", físico ou metafísico.

Na minha definição, a Realização Espiritual não é a criação, salvação, melhoria ou evolução da alma.

A Realização Espiritual é a Realização do que somos: Espírito ou Pura Consciência.

O tempo é necessário para a alma evoluir. Uma alma é um objeto na dualidade, assim como o corpo físico.

A Realização Espiritual é Atemporalidade. O Espírito é Não-Dual.

A Realização Espiritual é igual à remoção de uma falsa crença. A crença de que somos um corpo, personalidade ou uma alma.

Não nos tornamos Espírito ou retornamos ao Espírito. Nós Somos Espírito; simplesmente estivemos confusos até que a Realização aconteça.

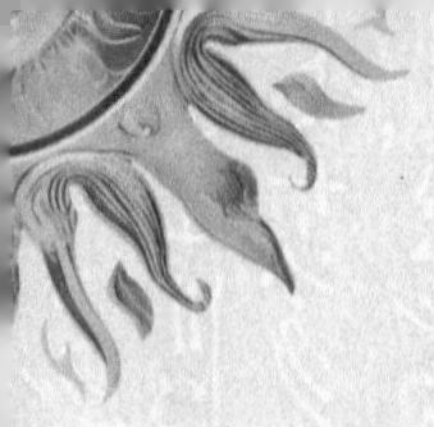

–A ALMA NÃO ESTÁ EM UM CAMINHO ATRAVÉS DE MUITAS VIDAS E EVOLUI DESSA MANEIRA?

Sim, insight metafísico ou intuição profunda mostra esse ser o caso.

Assim como o corpo e a personalidade mudam e evoluem à sua maneira durante esta vida física, a alma, ou um corpo metafísico, evolui através de múltiplas vidas.

No entanto, a Realização Espiritual não se preocupa com a evolução da alma. Na verdade, tal preocupação pode se tornar um obstáculo.

Uma preocupação com a salvação de "eu", seja "eu" personalidade, "eu" corpo ou "eu" alma, torna-se um obstáculo pela simples razão de que não há tal "eu" a ser encontrado, exceto como uma experiência efêmera de individualidade.

Assim, a preocupação com o futuro da alma fortalece o senso de separação do ego. Não faz nada para pôr fim ao sofrimento psicológico, muito pelo contrário.

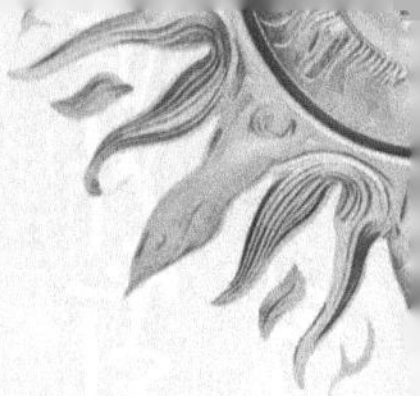

–Criamos uma alma e alcançamos a vida eterna?

O corpo permite a experiência da vida dia a dia no reino físico. A alma permite o mesmo, vida após vida, alternando entre o físico e o astral, um reino metafísico.

A Realização Espiritual e viver como Quem Somos não tem nada a ver com o corpo, a alma ou "você" de qualquer tipo. Não tem nada a ver com física ou metafísica.

E não é destinada a ser alcançada após atravessar reinos metafísicos; está disponível agora.

Para o Espírito, as noções de nascimento ou morte não têm importância. Houve muitos, e pode haver mais alguns. Não há ninguém que se importe.

A noção de imortalidade só pode ser atraente enquanto o senso de separação está ativo com plena força.

Não seria maravilhoso se "eu" vivesse para sempre? (De preferência sem todos os meus maus hábitos e doenças!)

É uma busca egocêntrica. O Despertar põe fim a tais objetivos espirituais imaginários.

O que é eterno, nós já somos. Podemos deixar o corpo, a personalidade e a alma fora da estória sem problemas.

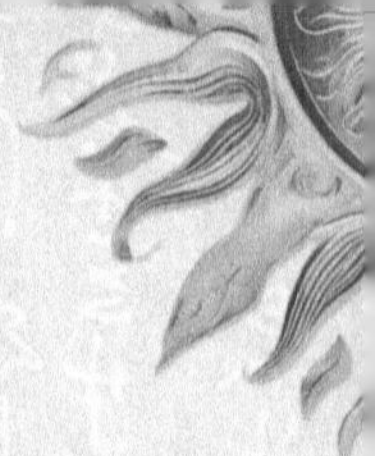

–Ninguém pode saber que a reencarnação existe!

Você pode falar por si mesmo, mas não por todo mundo.

Dizer que algo não existe simplesmente porque nos falta experiência ou prova é o pecado dos céticos. Se não sabemos, simplesmente reconhecemos que não sabemos. Isso mantém a mente aberta, e então podemos aprender coisas novas. Neste caso, aprendemos que a manifestação é muito, muito mais rica do que nossa realidade física limitada demonstra.

Inúmeras pessoas têm experiências metafísicas e conhecimento direto. Isso não contradiz a Realização de nossa Verdadeira Natureza, e embora a metafísica possa se tornar uma obstrução em alguns casos, em outros casos, pode ajudar.

Você sabe quantos anos tem, e está ciente e conhece as coisas que experimentou e as mudanças que houveram em sua personalidade, caráter e corpo nesta vida.

Da mesma forma, há um aspecto mais sutil de nossa manifestação como indivíduos com uma perspectiva similar de experiência através de múltiplas vidas. Esta personalidade e este nome morrem com este corpo, mas uma "pessoa" mais sutil persiste.

O fim do ciclo de encarnações não tem relação causal com a Realização Espiritual ou vice-versa. A realização de nossa Verdadeira Natureza é independente e não relacionada a essas experiências, embora a maturidade e a sabedoria ganhas através do tempo certamente impactem se isso acontece nesta vida ou não.

Quando falamos sobre a "maturidade do buscador", estamos falando sobre maturidade da alma. É a alma que está madura, não apenas esta personalidade passageira. É uma parte muito mais profunda, ampla e substancial de nosso ser que convida e está "madura" para o Despertar e a Realização.

Precisamos ser um pouco observadores para notar que diferentes pessoas têm diferentes idades de alma. Não há tempo em uma vida para crescer da pessoa que se comporta da forma mais ignorante até o sábio.

Se pudermos deixar de lado nossa bússola excessivamente intelectual por um momento, notaremos que isso pode ser tomado como evidência de que nossas vidas são muito mais longas e ricas do que apenas esta vida.

O foco do trabalho espiritual é apenas esta vida, ou, para ser mais específico, apenas este momento. Como poderia ser de outra forma? Este momento é tudo. No entanto, a noção de que apenas esta única vida está disponível para nos permitir ir da imaturidade ao Amor, Verdade e Beleza é irrealista, no meu ver.

CARMA É UM NOME PARA A LEI DE "CAUSA E EFEITO".

Se você acionar aquele interruptor na parede (causa), a luz acenderá (efeito). Isso é tudo o que Carma significa em essência.

No entanto, essa lei opera no nível emocional, e suas implicações se estendem através de múltiplas vidas.

Cada ação provoca uma reação. A maioria das ações e reações acontece rapidamente, e causa e efeito são equilibrados rapidamente.

Por exemplo, você rouba de alguém e, ao fazer isso, diminuiu ou destruiu certas possibilidades na vida da vítima. Mais tarde, você pode se arrepender e decidir se desculpar e pagar de volta. Então você pode ir e devolver o que roubou ao legítimo proprietário. Em um cenário ideal, eles o perdoam, você se perdoa, e as partes envolvidas vivem felizes para sempre, não mantendo mais contas uma com a outra.

Se você não pagar de volta, sentirá que deve a eles, e esse sentimento não o deixará. A culpa o atormentará até que a dívida seja paga. O pagamento pode ser feito dentro de uma vida, como no exemplo que acabei de lhe dar. Se não, surgirá em uma vida futura.

A propriedade que você roubou (causa) é devolvida em uma vida futura (efeito). O crime (causa) cria culpa (efeito). O pagamento (causa) cria oportunidade (efeito). O perdão (causa) cria paz (efeito).

Se o Carma de alta intensidade emocional não for pago, não podemos viver em paz. A morte do corpo físico não implica um equilíbrio de contas. Então, morrer não traz paz neste caso. Escrever "Descanse em Paz" em uma lápide é doce, mas fútil para aqueles que devem ou sentem que devem, e para aqueles que sentem que lhes é devido.

Carma implica trabalho espiritual, não férias espirituais. Na presença de Carma não pago e na ausência de trabalho espiritual, vivemos no inferno, e há pouco ou nenhum progresso.

Perdoar a si mesmo por nossas transgressões também é necessário, pois é possível acumular Carma consigo mesmo através de culpa extrema.

Manifestações extremas de falsa personalidade destroem oportunidades para nós mesmos porque o medo extremo limita nossas ações e expressões na vida. Assim, o "auto-carma" é criado—ou pago—quando a falsa personalidade é neutralizada, vivemos sem medo e expressamos nossos talentos naturais.

Padrões no Caminho Espiritual Através da Lente do Tarô de Marselha

Além de ser um método de comunicação com reinos metafísicos da manifestação para obter informações, o Tarô de Marselha é um sistema de delineação psicológica capaz de descrever os padrões de experiência que os humanos encontram no plano físico, incluindo o caminho espiritual.

Esta sequência abreviada de imagens do Arcano Maior do Tarô de Marselha corresponde aos padrões no caminho espiritual consciente.

Trabalho Preparatório

Observação e avaliação de nossas decisões e experiências passadas e presentes. Controle das partes prejudiciais de nossas personalidades. Esforços. Os estágios iniciais do trabalho psicológico ou espiritual.

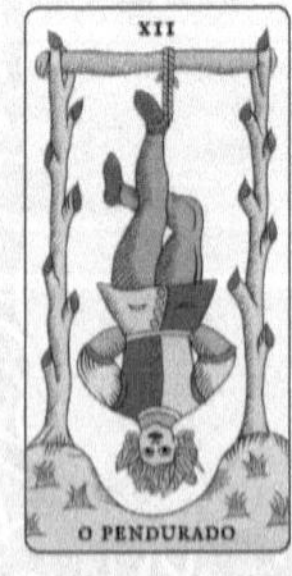

Despertar

O Verdadeiro Eu Revelado. Eu não sou o que pensava ser. Eu sou Consciência. Somos impotentes como indivíduos, mas existe uma profunda Aceitação e liberdade nessa impotência. A visão de nós mesmos e do mundo é virada de cabeça para baixo. Montanhas não são montanhas, rios não são rios...

ELIMINAÇÃO

Esta carta, que não tem nome, indica que o apego a todos os símbolos de auto-identidade deve ser eliminado. Estamos agora transitando para fora da opressão da falsa personalidade. Algo em nosso ego está morrendo; no final deste processo, estará morto.

AUTO-INDAGAÇÃO

O ato de questionar e investigar a origem dos pensamentos, sensações e emoções. Questionar ou prestar atenção a "quem eu sou". Auto-indagação. Somos despojados de toda intenção de Iluminação e conhecimento. A Consciência está chamando a si mesma e ouvindo a si mesma. Lembrança de Si.

REALIZAÇÃO ESPIRITUAL

Nada mais de errado. Aceitação Total e paz com o que quer que esteja presente neste momento. Temos os recursos necessários para atender às exigências da vida. Não há nada para esconder ou temer. As montanhas são novamente vistas como montanhas, e os rios como rios.

Para uma análise completa do caminho espiritual através da lente do Tarô de Marselha, visite hangedmanspath.com.

–A ASTROLOGIA APENAS CONTA UMA HISTÓRIA SOBRE A PESSOA...

Depende do tipo de astrologia. Para começar, a astrologia do signo solar que se conhece hoje em dia é uma versão limitada, distorcida e muitas vezes banalizada da astrologia tradicional que tem sido praticada há milênios. Então, a maioria das pessoas não conhece os vários ramos da astrologia e o que a astrologia real é ou pode fazer.

Quanto a "apenas" contar uma história, depende de quem a usa.

A astrologia real oferece um diagrama da personalidade humana e sua relação com o que está além da personalidade.

Se queremos curar a psíque, a astrologia real pode ser muito útil. Ela pode nos dar uma descrição prática do que a personalidade é feita e o que está acontecendo com ela. Ajuda-nos a ver as coisas como elas são.

Assim, pode nos ajudar a entender e lidar com desafios em qualquer área de nossas vidas, incluindo espiritualidade.

Alguns buscadores parecem pensar que a cura não é necessária. Bem, se o trauma permanecer oculto e certo Carma não pago, a paz da Realização não fixa. Não há como contornar isso.

O Despertar não é o fim para a maioria. É o começo do fim. A psíque precisa estar saudável para que aquilo que foi "descoberto" no Despertar brilhe. Para que a Lua (personalidade) reflita a luz do Sol (Espírito).

Então, se queremos contar estórias divertidas ou conhecemos astrólogos que gostam de inventar estórias, podemos usar a astrologia para fazer isso.

Se quisermos entender a psíque humana e suas propensões—tanto as que apóiam quanto as que obstruem o Despertar e a Realização Espiritual—também podemos fazer isso usando uma ferramenta como a Astologia Tradicional.

– GLOSSÁRIO –

EGO

O senso de si mesmo que nos permite funcionar no mundo físico.
Um ego não educado ou desequilibrado pode levar à formação de
uma falsa personalidade onde o sofrimento psicológico é criado.

PERSONALIDADE

O conjunto mais amplo de traços psicológicos que formam uma
pessoa, e através do qual o senso de si, ou ego, se manifesta.

SENSO DE SEPARAÇÃO

Apego a, ou envolvimento com, a entidade que atende pelo
nosso nome, e o sentimento pessoal de estar separado do resto
do universo, e o sentimento de vulnerabilidade que isso gera.
O senso de separação é a raiz do sofrimento psicológico.

SOFRIMENTO PSICOLÓGICO / DESNECESSÁRIO

Sofrimento que é criado com base em identificação errada.
Sofrimento criado através da falsa personalidade. Se as idéias
erradas são reconhecidas e neutralizadas, e a identificação é
corrigida, o sofrimento psicológico se torna ausente.

FALSA PERSONALIDADE

Aquela parte de nossas personalidades que, quando ativa, produz
sofrimento psicológico. Geralmente, o ego não recebe educação
adequada no início da vida e, assim, o medo se torna exagerado,
e o sofrimento psicológico se torna habitual.

ACUMULAÇÃO

O processo pelo qual um buscador passa na fase inicial do
trabalho espiritual, em que o ego é reeducado, observado e
controlado. Durante este período, o buscador não sabe o que
está buscando ou tem uma vaga intuição sobre isso.

Despertar / Revelação / Iluminação

O reconhecimento de nossa Verdadeira Natureza e da Verdadeira
Natureza do mundo como sendo Um. Ou seja, Tudo é Consciência.

Eliminação

O processo pelo qual um buscador passa no período final do
trabalho espiritual, em que a personalidade é despojada de
conceitos, crenças e funções desnecessárias. Este período começa
com o Despertar. Neste período, o buscador tem um conhecimento
intuitivo claro, baseado em experiência, do que está buscando.

Auto-Indagação / Lembrança de Si

O ato de investigar a Verdadeira Natureza do "eu", ou questionar
a veracidade do "eu". Antes do Despertar, esta ação pode levar ao
Despertar. Após o Despertar, esta ação tem a função de
restabelecer a Verdade vislumbrada e contribuir para eliminar
ainda mais o desnecessário da personalidade do buscador.

Realização Espiritual

Aceitação Total e paz com o que quer que esteja presente neste
momento. Ausência de senso de separação. Ausência de
sofrimento psicológico e busca. Nada mais está errado.

Eu Sou

Espaço e o senso de existir antes de ter um nome, uma
personalidade ou um corpo. É a semente da manifestação ou
experiência. É o Estado Natural manifestado em forma senciente.

Espírito / Estado Natural / Consciência Pura

Nosso Estado Natural é realizado quando o senso de separação é
removido. Nossa Verdadeira Natureza não é algo especial que é
alcançado ou conquistado, é natural e normal. Agora.

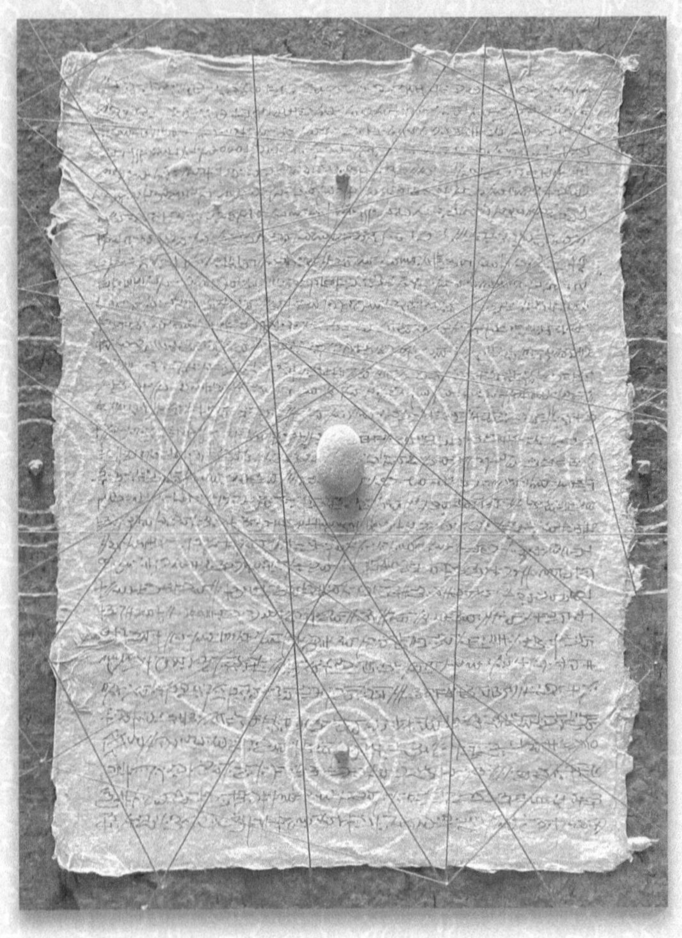

Detalhe de "Inner Geometry"

Mixed media de Carlos Grasso
carlosgrasso.com